아내의 비밀번호

유드레 시집

문학의전당 시인선
0292

아내의 비밀번호

유드레 시집

문학의전당

시인의 말

문자와 언어는
인간의 발명품이다.

2018년 9월 일산 완석재에서
유드레

차례　　　　　　　　시인의 말

제1부

우산國　13
봄밤　14
다시, 봄　16
급했다　18
걸음을 새기다　20
멋있다　22
푸아그라　23
거울 속을 저울질하다 1　24
거울 속을 저울질하다 2　26
모자　27
별이 빛나는 밤에　28
휴(休)　30
구제역　32
빈집　34
똥개　36
추억의 습관　38

제2부

코끼리와 눈사람   41
중독   42
산은 길이 많다   44
전족   45
비밀번호   46
우리들의 지붕   48
보름달   50
화석   51
짐작   52
어항, 신에게   54
옛날로 옛날로   56
太자 물고기   57
펑크   58
물 호스   59
톰과 제리   60

제3부

생계형　63
목줄　64
보내기 번트　65
점심　66
망명　68
현상 수배　69
십우도　70
영화가 끝나고　71
그해 여름의 선물　72
핏값의 전망　74
부품 명세서　75
발효액　76
소문의 맛집　77
방향성　78
석양 무렵　79
서울대 병원 암 병동　80

제4부

먹줄 83

손톱 밑 세상 84

미인도 85

터널을 지나며 86

그림자 88

번개탄 89

별 90

조율 91

결단 92

메아리는 메아리를 낳는다 94

눈사람 1 95

눈사람 2 96

눈사람 3 98

회전목마 100

백허그 101

노안(老眼) 102

| 발문 | 참빛으로 빚은 언어의 속살 | 103 |
| | 이오우(시인) | |

제1부

우산國

국경이 없는 나라였다.
헌법 제1조 1항에는
작은 영토 하나 갖지 않는 독립국이다, 라고
쓰여 있었다.
법전은 없었다.
구전으로 전해지고 있었다.
떠도는 역사가 그렇듯이
잊히는 일에는 이골이 난 나라였다.
한 나라가 망하자 다른 나라가 곧장 일어섰다.
그 힘이 어디에 있는지 알 수 없었다.
하늘의 부름으로 만개하는 정통성이 있었다.
누구나 하나씩은 꽃대를 밀어올리고 있다.*

---

*박형준 시인의 「저녁별」에서 차용.

봄밤

스미는 것이다
인기척에 소름 돋는 것이다

누군가, 막다른 골목길
어둠을 배경으로 한 세계를 접수하고 있다
무너지는 세계를 접하고 있다

숨죽인 채 흐트러짐 없는 고요를 충동질한다
자위하듯 애무하듯 그렇게 다시
고개 돌려 물색하는 검은 시신경

포복을 딛고 일어서는 망명자의 보폭만큼
먼발치를 유지한 체형으로 바라보는 것이다

아찔한 갑질의 행간 속에 자생하는
성스러운 비밀의 비밀스러움

용서받을 강간을 세례 받을 죄의식을

봄밤에는 보아야 하는 것이다

목젖이 꿈틀대는 놈만 지지하는 봄밤
풍경과의 삽목은 거침없다

다시, 봄

가지 말라고 가지 말라고 애원하며 잡았었는데*
상영 대기 시간마다 조용필이 노래하던

80년대 초 극장이다

19금 영화 한 편과 서부 활극을 번갈아 상영한다

석양을 배경으로 등장한 주인공은
일당백의 총잡이

사무실 소파와 별장을 전전하는
연인들은 불륜

정의를 위해 목숨을 걸고 사랑 때문에 신음하는
봄이었을 것이다

이상고온 탓에 제멋대로 개화하는 꽃이다

목련, 개나리, 벚꽃, 진달래, 노란 민들레가
순서 없이 피고 지는

꺼림칙한 봄이다
다시 찾는 동시 상영관이다

---

*조용필의 노래 〈잊혀진 사랑〉 중에서.

급했다

시간이 없다고 서둘렀다
그 모습 속에 놓고 나온 지갑이 있다
잊고 있던 지갑 속에 카드가 있다
급한 탓에 함부로 구겨 신은 신발이 있다
15층에서 1층까지
늑장 부린다고 욕먹는 엘리베이터가 있다
열쇠를 놓고 나온 것을 알았을 땐
입 꽉 닫아버린 은색 승용차가 있다
정신없는 나를 비웃는 폭염이 있다
비밀번호에 화답하는 현관을 지나니
열쇠와 지갑이 식탁 위에 있다
15층에서 1층까지
제 길을 고수하는 엘리베이터가 있다
한참을 늦은 상황에도 불구하고
차량 문을 여닫기를 반복하고 있다
대책이 없어서 아니, 너무 뜨거워서
구겨진 신발의 소음을 잡고 있다
그제야 바쁜 것도 잊은 채 짚고 넘어갈

약속을 더듬는 내가 있다
신종 보이스피싱의 피해를 당부하는
뉴스가 주파수를 타고 있다

걸음을 새기다

이보다 참된 걸음이 있을까

파문처럼 보이지만
물은 상처를 입지 않는다
발을 내딛자,
동심원은 엷은 미소 일색이다

전출입의 기록조차 새기지 않는 걸 보면
끌려 온 길인지, 끌고 갈 길인지
자꾸만 엿보게 된다

물을 떠날 수 없기에 몸을 띄웠다니,

제 문수에 맞춰진 영혼의 무게는
꽃으로 피고 지고
구름인 양 가벼워지는 보폭

잔주름쯤이야 生의 그을음

아니겠는가
소금쟁이의 걸음은 차라리 진중하다

흔들림이 거셀수록
중심을 끌어당긴다

멋있다

멋있다 그냥 멋있다
허름한 간이주점 사장인 그 사람
오는 사람 막지 않고
가는 사람 잡지 않는
간판에 새긴 얼굴보다 실물이 더 낫다
콧수염이 멋있고
낡은 청바지가 멋있다
오늘은 빈 지갑이 돋보인다
인생 한 번이라고 꿈을 꾸는 사람
막창 타는 연기에 눈물 찍는 사람
초과한 주량 때문에
골치 아픈 아침이 남아돌지만
멋쩍음이 멋있다
제 분수에 목마른 사람
제멋에 취한 근심이 살갑다
세상 등질수록 혼자가 아닌
그 사람 멋있다
그냥 멋있다

푸아그라

담기 싫어도 담았지
안 담을 수 있나 그냥 처넣는데
저항은 무슨,
찢어지기 직전까지 채워 넣는데
골방에 처박힌 은폐와 융합
폭발 직전
세상에 까발려지는데
내 몸 안에는
남모르게 커지는 숱한 의혹들
반복되는 의식(儀式)에는
잠자리 날개 같은 슬픔조차 걸리지 않았지*
내가 할 수 있었던 건
두 눈 꼭 감고 목구멍 크게 벌리는 것
나만 몰랐을까
배 터지게 묵직한 간 덩어리
어때 목 넘김이 좋지
네 간도 부었니
숨긴 게 뭐니? 나는 거위야

---

*조창환 시인의 「투명한 슬픔」에서 인용.

거울 속을 저울질하다 1

거울은 갑옷이다

은빛 시야를 앞장세워 막아내는 화살
어느 품이 있어 안긴 걸까

연기 나는 세상의 틈새에서
소 한 마리를 접시 하나에 담아낼 수 있는 건
포란의 습성이다
명치끝이 아려 눈물짓게 하는
거울 속 안장(鞍裝)

환한 여백만큼
등이 엿보이는 거울의 저편
식물 되어 수형하는가
저당 잡혀 기도하는가

누군가는 반성한다
그리고 누군가는 채집한다

비문(碑文)처럼

접신하는 무당처럼

더욱 치명적인 것은 발신자 모를 안부를 접한 거다

중무장한 그대

발광한다는!

거울 속을 저울질하다 2

탯줄을 끊어야만 낙찰 받는 세상
윤곽만 잡혔기에 이삿짐이 없다
나의 첫울음을 난 한 소절도 기억하지 못한다

메아리만 공허한 것은 소음의 일종이다
제 안에 들고 싶어 쓸어대는 비질 같은 거
주파수를 찾기 위해 벌거벗는 숱한 내역

베꼈기에 존재한다 엇갈렸기에 자유롭다
살을 발랐기에 언제나 낯선 맨몸의 필사
짜여진 암구호는 애당초 없었다

모자

모자가 좋아 모자를 쓰면 무스를 바르지 않아서 좋아 커트에 신경 쓰지 않아도 좋아 모자를 쓸 건데 적당히 잘라달라는 주문 미용사는 그런 내가 부담스럽다고 하는데 일편단심 모자 쓴 거울만 봐 모자를 쓴 나를 봐 모자가 없으면 허전해 기능이 다른 모자가 수북해 고르다 보면 내가 부족해 시간이 모자라 모자란 시간 때문에 나는 집에서도 모자를 써 귀마개 형식의 모자인데 머리카락 잡초처럼 튀어나오면 흐뭇해 그냥 좋아 아주 제격이야 흉하다는 소리를 들으면 더욱 애착이 가 내가 아니면 누가 쓰겠어 불량스럽게 쓴 모자는 하루가 껄렁껄렁 안 쓰면 내가 아닌 것 같아 머리를 조여 주는 느낌 몰두할 수 있어 채집할 수 있어 나만의 배짱 나만의 고집 나만의 색채 나만의 무기를 지닌 것 같아 모자의 그늘 모자의 영광 모자가 잡아먹었으면 좋겠어 모자 속에 갇혀 모자를 끌고 다녀 모자의 문을 열고 출퇴근을 하고 술을 마시고 모자 속에서 그 짓을 해 모자가 없으면 불편해 너무 물렁해 나는 모자를 쓰고 시를 써 그래서 그런가 모자란 시를 써

별이 빛나는 밤에

불구경이 최고야
수많은 구경꾼 사이에서 신발짝 벗겨지는 당혹감
나 또한 절박해져 내 숨통 조이고 있지

불꽃이 또 다른 거처에서 천렵의 그물을 펼칠 때
웃통 벗어 옹호했으니
반짝이는 눈동자 등대만을 찾아 나선 시절

백악기 이전에 참상을 전망한다는 건 꽤 신기했지만
공룡을 몰살시킨 끈질긴 목숨은
덫니 같은 신호를 매번 잘못 읽는다는 사실
방조했기에,

참다못해 투신하는 장면에선
소름 돋아 신음했지
관음증에 시달린 내 지분 박살 내고 싶었지

도와주지 못해서 미안해

119에 전화했으니 조금만 참아
나는 귀머거리 눈뜬장님
멀어서 그런 거야 너무 늦은 비명이야

조등 하나 걸어둘게
죽을 때까지

휴(休)

내 근황은 단순한 명암으로
채색되었으면 합니다

언젠가는 수습될 소소한 일상일지니
넉넉한 나무밑동을 찾아 휘어진 등을 맡기고
어딘가를 끝 간 데 없이 바라볼 눈먼 여행

바람이 전하는 낯선 이야기조차
편들지 않는 행동반경에 들었으면 합니다

날이 갈수록 헐거워지는 마음 녹슨 빗장 삼아
게으른 문장은 아예 접어두고
이따금 찾아오는 집배원을 되지 않는 농으로
맞이하는 하찮은 인간이기를 소원합니다

삶을 불편해하지 않을 겁니다
외롭기는커녕
야근도 묵묵히 지켜낼 것입니다

바람이 있다면 봄 아니면 가을 속에서
읽어내 주시길 바라봅니다
겨울에는 눈[雪]이 많아 너무 밝을 것이고
신록에 지친 여름에는
푸른 꿈이 젖어들까, 조심스러울 뿐

세월의 결이 이끄는 대로
몸과 마음이 깎아낸 모습 복기한다면
흑백의 사진 한 장
희미하게 남아 있길 바랍니다

변방으로 떠돌던 사람이
나무와 한 몸 되는
썩 괜찮은 등식입니다

구제역

면 티는 천 원
청바지는 이천 원
가죽점퍼는 만 원

입다 버렸거나
철 지난 옷들이
구제라는 이름으로
한 번은 구제되는데

까마득한
기도를 한다

죽고 사는 문제가
너무 간단하다고
복잡해도 이해하겠다고

살처분된 행선지[驛]
발굴될까

어제는 젖과 꿀이
생생한 이곳

빈집

포장지를 뜯었을 뿐인데 초인종 우는 소리
그럴 때 있지 않나요 밖엔
나갈 수 없어 나 없는 것처럼 짐작게 하고 싶은

아무도 없어요 외칠 때마다 쭈뼛거리는
목덜미 힘줄
머리카락 보일라 그림자마저 숨겨놓는

쉿! 문을 두드려요
반음 높여 찾아드는 술래는 고개만 빼꼼히
둘러보다 가시고요
이불 조각 차는 수고는 이젠 그만
고심 끝에 창문 깨뜨려놨으니 헛기침에도
서둘러 화답할게요

때 묻은 벽지 서너 장 찢어놓을까요
점등하지 않는 나의 목록
들킬까 봐, 찾아오는 이 더는 궁금하지 않아요

여전히 풀지 못한
선물 상자

똥개

믹스견이네요, 되묻는 말투에
똥개니까 진찰비 깎아달라는 홍정이 황당한 거라

병원 문턱에 서서 궁색함을 호소하며
들어오지 않겠다던 개와 씨름하던 좀 전의 상황
재연하니 나 스스로 너무 쪽팔린 거라

똥개는 천박한가 까불이면 발바리 얼룩이면 바둑이
잡종은 노골적인가, 국제적으로 합성된 낯선 언어의
꼴 같지 않은 배려가 못마땅한 거라

잡종은 시치미요 추측만 뿜어내는 간헐천이요
숨기지 못한 꼬투리 때문에 어릿광대 취급받지만
새로운 알몸씨 빚어내는 당당한 세상

이보다 더 값진 화합이 어디 있는가, 자문하면 할수록
다음에는 목욕하고 오겠노라고 맹세까지 한 거라

발로 차는 악취미에 마냥 길든 개와 함께
꼬리 세웠다 내렸다 동네가 떠나가라 짖어댄 거라

유배지에 버려진 개혁가의 적발된 꿈이
그저 막막해 으르렁으르렁, 이빨까지 내보인 거라

추억의 습관

새 신을 사놓고도 한동안 신지 않는 이유가
제대로 떼어지지 않는 구두 밑창의 가격표 때문이라는 것을 알았을 때
급히 떼어주었다
덤으로 구두약까지 발라주었다
붐비는 식당에서 혹시라도 뒤집힐 상황을 마냥 방치할 수 없어서
거울 보듯 꼼꼼하게 닦아주었다

멋쩍은 습관에는 막다른 배후가 있다
형상은 없어도 자생하는 부력을 용케 숨겨놓는다
뒷모습, 거울에 비춰보는 마무리도 잊으면 안 된다고
표구하듯 선을 긋던 그날
데워진 눈빛만큼 온몸 노을이 되어
내일을 향해 떠나는 애인이 있었다

제2부

코끼리와 눈사람

시가 무어냐고 물어오기에
냉장고에서 코끼리를 뺐다 넣고
다시 뺐다 넣었다
그 코끼리 힘들어했고 냉장고 문짝도 헐거워질 무렵
눈이 왔고 더 많은 눈이 왔고
눈코끼리를 만들었다 아빠 엄마 코끼리까지

어느 시인 앞에서는
냉장고 안 코끼리 통째로 꺼내놓고
다시 들어놓고 그러다가 삶아 먹었다
먹어도 먹어도 배부르지 않았고 목메지 않았다
삐쭉 나온 코끼리 코털이 코끼리가 되고
마침내 눈사람이 되었다

만찬에는 L선생님도 계셨는데
꼭 산타클로스 같았다
S형은 욕 좀 보셨을 것이다
함께 나눠 먹은 다른 선생님은 굳이 소개하지 않겠다

중독

가족사진으로 십자수를 놓는 아내는 중독이다

풍 맞고 한쪽 귀까지 잃은 어머니의 중독은 관세음보살 정근이다

술과 담배를 기호품이라고 주장하는 내게 반박하는 아들도 중독이다

녀석에겐 컴퓨터가 보물 제1호인 것처럼

살 뺄 생각은 하지 않고 옷 타령만 하는 딸아이는 요즘 한자와 영어가 중독이다

하루를 견뎌내는 것 자체가 중독인 어머니와 아내의 주된 중독은

오늘은 뭘 먹을까 하는 근심, 대충 때우자는 나와 각을 세운다

등산을 취미로 삼겠다는 아내와 열대어에 빠져 있는 나는 합집합

학교 갔다 와서 학원 가는 시간 틈틈이 식사 조절에 실패한 할머니와

함께하는 아이들은 제대로 중독되었다

순리를 따진다면,
수평선에 잠겨 있는 섬처럼 어머니가 먼저 그리움의 대상이 될 것이다
딸아이가 동생이라고 챙기는 네눈박이 보름이가 어떤 식으로든 치유될 것이고
그다음엔 나, 사이에 새로운 성(性)을 가진 중독자들이 나타나 감염시킬 것이다

이별이 두려운 건 중독되지 않아서이다
슬픔을 견뎌낼 수 있는 건 중독되었다는 증거다

산은 길이 많다

사당에서 올라온다
과천에서 올라온다
저 멀리 안양에서 올라온다
자기만의 길을 걸어 올라온 사람
연주대에서 커피를 마신다
북동쪽 하늘을 채운 북한산이 보인다
우측에서 고개 끄덕이는 수락

구파발로 내려간다
우이동으로 내려간다
지루한 구기동 쪽으로 내려간다
올라온 길이 아닌 다른 길로 갈 사람
백운대에서 김밥을 먹는다
구름을 벗 삼아 관악이 들어온다
맑은 날 함께 보는 인천 앞바다

전족

발을 묶는다

어지러운 세상
뿌리라도 내릴 생각에
복종을 날인한다

그렇게,
교정된 세월인가

뒤뚱거린다
커지지 않는 신발

비밀번호

아내의 중학교 출석부 숫자의 조합이
내 비밀번호다.
9964는 인천 살 때 전화번호 뒷자리고
7238은 사무실 차려 독립할 때
번호, 휴대폰의 뿌리다.
통장을 갱신하거나 인터넷 뱅킹에 문제가 생겨
은행에 갈 때 은근히 겁난다.
통장은 물론 각종 카드의 비밀번호에서
오류가 발생하기 때문이다.
9964부터 차례로 입력시키는 민망한 수고
요즘은 보완번호까지 챙기는데
숫자치인 나에겐 여간 고역이 아니다.
7238에다 광땡을 숨겨 덧댔는지
3129에 영영을 갖다 붙였는지
나름대로 기특한 번호를 저장했지만
제대로 기억하지 못한다.
그렇다고 전전긍긍하는 편도 아니다.
정 모른다면 통장을 게워내면 될 일

오늘도 창구에 앉은 나는
입력 오류에 대한 불안을 제비뽑기 하는
기분으로 극복하고 있었다.
새로운 번호로의 전환을 추천했지만
강력히 거부하면서 셋 중의 하나를
올곧이 찍고 있었던 것이다.
자, 내 비밀을 이렇게 털어놓는다.
그러면 한번 풀어보시라.
아내는 중학교 때 몇 학년 몇 반
몇 번이었을까?

우리들의 지붕

x라는 내 감정은 미지수 y와 다툰다
건들거리는 바람 때문에 함부로 자라는 풀잎 때문에
상처가 나도록 싸운다
앞으로는 싸우지 말자고 다독이면서도 덧난 상처를
핑계 삼아 다시 으르렁댄다

어느 때는 y와 상관없이 삿대질해가며 욕을 한다
멀쩡한 하늘을 바라보다 기억에서 가물거리는 노랫말 때문에
가슴을 치며 울기도 한다

닦을수록 흠집만 더해가는 안경처럼
굴절 당한 풍경에선 왜 한숨이 도는지

비가 오거나 눈이 오는 날, y는 숨는다
서러운 술래가 된 x는 숨바꼭질놀이에 사라진 미지수를 찾는다
세숫물이라고 했던 y,

x는 바지 밑단에 엉겨 붙은 흙탕물이라고 했지만
적설량을 재지 못하는 까닭에 실없이 웃는다

영혼의 무게였다면서 반올림하자는 y와
별반 차이가 없다는 x는 서로의 멍 자국 핥아가며 웅얼거린다
어제는 버팀목 없이 흘려보냈지만 새롭게 저당 잡는 오늘

x와 y의 끝없는 주문은 어떤 체위로 상봉할 수 있을까
내일은 내일의 행간에서 다시 점화될 수 있을까

먹고 먹는 밥상 위에 물고 물린 기왓장 위에서
구강성교를 부러워하는 고양이 때마침 울다 가고
바람은 풀잎 사이를 용케도 비켜간다

보름달

열세 살보다는 더 어려보이는 소년이 있었다
앉은뱅이책상에 엎드려 있었다
홀로 울음을 삭히고 있었다
조문 온 사람들이 모여들고 있었다
불쌍하다며 머리를 쓰다듬어 주셨다

누구던가?
꿈속에서 밀쳐 나온 나를
애틋하게 만드는 그분

달은 밝았다
삼십 년 전 기억이 일기가 되어 써내려졌다

고인이 되신 분들이
기일도 아닌데 모두 다녀가셨다

화석

차라리,
네 집에 누워
변명할 수 없도록
주검까지 등장시킨
육필의 맹세

입던 옷 그대로 인주(印朱)가 되어
영원히 지켜야 할 약속이 되어

떼인 돈 받으려는 듯
신체 포기를 인정하라는 듯
양아치 되어
마구 다그치는

요즘 세상

짐작

인심 고약 타
간에 기별은 줘야지
좀 더, 조금 더
적으면 손이 더 가니

잔은 채워야지
많으면 오히려 거북한 입맛
쓰다 써, 역시 써

넘치면 한술 털어내는
내 삶의 짐작

소정의 고료만
받고 싶네, 받들고 싶네

더도 덜도 말고
가난의 위험 수위
겨우 벗어나

아슬아슬 팽팽

질리지 않게

소주잔으로

8할, 그 정도

어항, 신에게

기포 발생기를 통해 산소를 호흡하는 녀석들은
중남미나 인도네시아 먼 바닷속을 헤엄치던 고기들의 후손들
다양한 습성들이 섭씨 24도의 온도를 공통분모 삼아
한 무리는 수초에서 또 다른 무리는 유목을 중심으로
터전을 이뤄 살고 있는데

어느 날은 부화 통에 옮기지 못한 깨알보다 더 작은 치어들
순식간에 다른 고기들의 먹이가 되는데도
이상하지, 지켜보고 있으면 시간 가는 줄 모르는 편안함

신이여? 당신도 이렇습니까
사람들 속을 바라보면 흐뭇하기만 합니까
날 믿고 기도하는 녀석 한 마리 보이지 않는 어항 속
당신을 흉내 내는 나는 신입니까
넉넉하게 무디진 당신, 정신 사나운 고민조차 가벼워져
미소로만 화답하게 됩니까

먹이를 주고 여과기를 청소하는 당신?
어디 있나요. 물거품 속에 나는?

옛날로 옛날로

600만 원이라면서 선급금을 꺼내주시는 어르신
받지 않겠다는 내 뜻과 상관없이 낚아채는 친구 녀석
이때, 갑자기 걸려온 전화
오래전 애인이었던 여자는 나를 모른 채
우리 아버지 잘 부탁한다 하는데

찜찜한 마음 지우러 간 지장전
하얀 연등에 걸려 있는 수많은 영가 앞에서
헤아려지지 않는 얘기 한참을 털어놓는데

내 돈을 받아든 친구에게
연락할까 말까 고민하다가
꿈에서도 변치 않던 그녀 목소리
생각나서 웃는 것이다

옛날로
옛날로 씻어내는 꿈

太자 물고기

올곧은 신념 탓이다
봐라, 몰골들

눈보라에 맞선 고통과
햇살의 노란 입김에도 불구하고
끝내 굽히지 않는다

죽어 산 듯하다
수척하게 상기된 정신의 조형물은
명찰만 달리 바꿨을 뿐

시선 둘 곳 몰라 텅 빈 두 눈
전향의사 없었는가

太자 돌림의 대구과 물고기
명태, 생태, 동태, 황태……

아명은 노가리, 북어는 별명이다

펑크

쪼그라들었네
주체할 수 없는 아랫도리
주저앉은 그대로 김빠졌네
막히면 조급함 참지 못했네
틈만 나면 대가리부터 들쑤셨네
수많은 갈림길 둥글둥글
발정 난 세상

드디어 잡혔네
사내의 바람기!

물 호스

비둘기 잡아 물고
지나간다

오가는 사람들
요령껏 피해가며

꼬리 바짝 치켜들고
앞장선다

전조등 불빛 앞에서
반짝이던 눈동자

거칠게 운다

개평 같은 삶을 얻어낸
어젯밤 고양이

톰과 제리

언제부터인지
톰이 더 좋아진다

늘 깨지는 못난 수컷의 대책 없는 행동이
반복되는 실수에 얼빠진 얼굴이
승리를 예감하는 성급한 노랫말 뻔한 상상이
정말 아픈데, 엄살처럼 보이는 호들갑이

풀 죽어 우울한 톰에게 안락의자를
최선을 다한 녀석에게 제리 스프를
무모해서 용감한 놈에게 무한 격려를

동년배 같은,
내게 필요한 목록들

"TO BE CONTINUE"

제3부

생계형

모두 형이라 불렀다
성씨를 찾아 부르기엔 족보가 민망했다
나잇값은 오래전 곤두박질쳤다
수족을 잘라냈기에 한 목숨 부지할 수 있었다
그냥 형이었다

저마다의 의지마저 탈탈 털린 주머니들이
해장에 해장을 더하는 날이었다
함께 취한 몇몇은 벌써 죽어 나갔기에
불안을 극구 만류하며 손을 떨었다
오늘은 안주가 된 형들의 기일

싸구려 동네 선술집은 북새통을 이뤘다
생계보조금은 매달 25일 수령했다

목줄

제 발로 나간 개는
며칠 지나서 들어왔다
들어와서 허겁지겁 밥을 먹는다
녀석을 어루만지며
집 나가면 개고생이다, 한마디 해주자
알겠다는 듯
순순히 목줄에 잠긴다

녀석이 비운 시간 내내
녀석의 그릇은
고봉밥을 담고 있었다

보내기 번트

살려야 한다
너의 죽음은
한 시대를 앞서게 한다
꽃피울 믿음으로
씨앗이 된 너는
훌륭하다 거기까지다

1루 주자가 무사히
2루에 가닿는 것
너를 기억하는 전부의
용기를 끌어내는 것
희생은 그런 거다
집으로 들어가게 하는 것

점심

젓가락 갈라놓고
마음에 점을 찍어보자는데
올겨울 점을 빼려는 계획을 토로한다
가족들 모여 할인을 요구하며
개당, 아니지 뭉쳐서
초라한 관상 조금은 펴보겠다는데
짬짜면이 먼저 나왔다
북극성은 알지만 찾는 것은 어렵다
도심에선 불가능하다
공해가 주범으로 떠올랐지만
난시의 시력에도 심심찮게 보이는
짬짜면 속 완두콩
비행기에서 바라보는 수많은
별 중에서 십자성은 있었을까
젓가락 끝에 매달린 공복이여
적도에서는 소용돌이 없이
물이 빠진단다
어느 한쪽 쏠리지 않는 중력은

온 누리 조건 없는 관장을 실천했으니
나의 곱창은
좌회전일까 우회전일까
맛있게 잘 먹어야 점심이다
무중력을 경험한 두 가지 맛이여
맹물로 입가심하는 열량이여
주물럭주물럭, 예의상 트림은
입 막고!

망명

고위급 인사의
탈북이다
서열 제2위라니
체제의 나팔수였다니
가족들 모두
입국한다

빙하가 녹는다
여의도 수백 배라니
굶주린 북극곰은
갈 곳을 모른다
새끼와 함께
얼음배 위에서

현상 수배

현상금이 걸렸다

명태에 이어
바다뱀이
쇠똥구리가 걸렸다

흉악범이 아니니
멀쩡하게
살아있음을 당부한다

많은 아이들이
실종되었다

십우도

그림 속에 갇혀
그림 속을 헤맨다
수인번호 순으로

얼마나 남았는가
나의 형기는
소는 되새김한다

영화가 끝나고

내가 한 일은 여자 핸드백을
처음으로 들어준 일
여자 화장실 앞에서 창피함
그런 거 전혀 의식 못한 채
핸드백 두 손으로 받쳐 들고
담담하게 서 있던 일

스무 살 초반으로 보이는
너희처럼, 연인 사이 맞지?
팔짱은 기본 살짝 감도 보았을 터
내가 기억하는 그날 밤
첫 키스 했다는 사실
바뀌지 않은 건 예나 지금이나
여자 화장실은 붐빈다는 거

그해 여름의 선물

1
인터넷 검색 끝에 구한 분말 소화기를
친구에게 보냈다

녀석은 B사의 외제차를 끌고 다닌다

2
어느 정도 일이 마무리되는 늦가을쯤
지인에게 보낼 선물은
시 몇 수를 옮긴 합죽선이 될 것이다

주면서, 덕담을 보탤 것이다
내년에도 무척 덥겠습니다!

3
눈을 고쳤다
뿌옇던 세상이 거짓처럼 선명해졌다
시력도 나아졌다는 의사에게

적응이 필요하겠죠? 무언가 아쉬운 대답을 했다
나오면서 선글라스를 다시 꼈다
맑음과 밝음의 눈을 얻었으니
너무 잘 보여도 탈이 될 거라는
나름의 처방을 챙겼다

핏값의 전망

자유로를 품었네
전망은 우후죽순 기세등등

행주산성은
그늘에 갇혔네
일출을 빼앗긴 죄를 묻자
석양을 내놓네

P값에
핏값을 얹은 풍경들

땡처리한 계양산은
유배를 면했네
송신탑을 머리에 썼네

부품 명세서

고관절 두 개는 갈아치웠다

이빨 좀 봐라,
한결 단단해졌다

반쯤 덜어낸 위장은 죽을 쑤지만
망막을 깎아 맞춘 초점

들리지 않으니 고함을 쳐다오
유통기간 내내 망가진 부품들

중고는 날것이라서 아찔하지만
서둘러 부장품을 쌓는 사람들

온전한 내 것이 울가망하다
단종 되지 않는 사람들

뼛속 깊이 박힌 철심은 썩지 않는다

발효액

그가 돌아왔다

100일 전
요가 되고 이불이 되었던
소복을 벗고
색(色)으로 돌아왔다

혈혈단신,
위패를 들고 왔다

전생을 벗어던진
그의 농담(濃淡)을 거두었다
혀는 부싯돌 같았다

오만 가지 인상을 한 생애가 살폈다

소문의 맛집

먹기 전 인증샷은 필수
폭풍 흡입하는 샷 하나 추가로 날렸네

꾸역꾸역 날름날름

쏜살같이 채워졌네, 텅 빈 위장마다 빈자리마다
허기의 관(冠)을 쓴 사람들

매일 같은 헛것을 쏟고 있네
저장도 잠시, 뱃속은 기록조차 하지 않네

꾸역꾸역 날름날름

나 역시 갔었네, 꼬리에 꼬리를 물어서
풍족해지는 댓글

방향성

주위를 살피기를 한참
축농증을 의심하고 때 묻은 책장을 들춰봐도
모르겠다 몰라 어디서 왔는지

배꼽을 파면 알게 될까
앞장선 당신은 눈만 깜빡여도 탄로 났는데
방향이 다르다고 원망하지 않았는데

사람들은 때맞춰 몰려오고
검색어 1순위로 등장하는 수많은 참견들

진앙을 찾는 시간 내내
낯선 냄새를 뒤덮는 또 다른 냄새라니
모르겠다 몰라 어디로 갔는지

방향제 한 통 전부를 써버렸다
비상등만 깜빡였다

석양 무렵

다소 충격적인 이 출혈은
선명해서 선정적인 이 암시는
비석 하나 새기지 못하는 이 빛은

이번 생은 틀렸다고 당겨진 불씨
노인(老人)은 홀로 주연을 놓지 않는다
눈 깜빡할 사이 자신을 불사른다

서울대 병원 암 병동

이곳의 사람들은 식물을 닮았다
창밖으로 향한 시선은 구름을 쫓고 있다
느러서 물러터진,

그땐 그랬다
우리에 갇힌 동물들은 등을 돌렸다
줄을 놓친 풍선들이 떠올랐다
저 혼자 멀어져 가던,

이곳은 창경궁이 내려다보였다
유년이 기척이 되어 함께 거닐었다
김밥과 사이다와 손목에는 풍선을 묶었다

---

*창경궁은 한때 동물원(창경원)이었다.

제4부

먹줄

한 말씀 가르침이다
이대로 따라가면 되는 거다

먹물 좀 드셨으니
한 획을 그었으니

간조 시에 나타나는
잊고 있던 잠언들

손톱 밑 세상

거꾸로 인쇄된 파본을 읽는다

A4나 B5 용기에 담긴 묵은 글자들

더는 침을 묻혀가며 책장을 넘기지 않는다

술렁술렁 몇 쪽은 건너뛰기도 한다

그런데도 손톱 밑으로 때는 들어선다

멀쩡한 세상이 손톱 밑에서는 까맣게 보인다

미인도

조물주가 세상을 버렸다

제 자식을 몰라보는 어미가 어디 있냐고
항변하던 조물주였다

누가 만들었나
고아가 된 나는?

세상은 치매를 앓고 있다

터널을 지나며

1
제동 걸린 생을 체감한 건 동공이다

빛을 줄여 맞이하는 어둠
귀는 먹먹해진 소리를 빨아들인다

공멸하듯 일사불란하게
진공청소기를 이끌고 있는 검은 줄

접지된 울음을 끊으려
울음을 전송하려 촉각을 다툰다

2
빛의 메아리가 시작되는 저곳엔
저마다의 부위를 채집하는 산파가 있다

아직도 현역인 그녀를 인정하는 것처럼
내일을 기약하는 오늘의 씨앗들

광맥을 찾아 발버둥 친다, 본능적으로

잠시 잠깐이라도 정박하지 않는 심장은
주위를 재빨리 환기시키는 것이다

그림자

어제는 팔을 내놨다
허리는 잘려 한동안 말을 아꼈다
절개지를 통째로 옮겨놓은 산비탈
피 한 방울 흘리지 않았으므로
날개 없는 나비와
모가지 꺾인 꽃들의 교미에 박수를 보냈다
서로의 등을 빌려 삽목한 풍경들이
제 꿈의 옷깃을 여미는 동안
발목 없는 신발을 끌고 일어났다
여태껏 살아있음을 엿보며
진창 속에서도 마른 장벽 앞에서도
밖으로 길러내는 빗장뼈 하나
질긴 피붙이를 위로코자 손차양 그늘마저 벗어던졌다
덕분에 나의 배후는 내가 될 수 있었다

번개탄

할 일 없어진 번개탄이
젊어 퇴역한 번개탄이
단칸방 밑불이 되기는커녕
제 발등 태워 고기만 구워내니
초라한 몰골 한심했나 보다
눈물 같은 육즙을 받아먹더니
간간이 피 맛을 보더니
얼빠진 눈알 불 지폈나 보다

산 고기는
숨통부터 끊어내기

벌

벌들의
현장은 꽃이다
비가 오거나 폭염에 찌든 날에는
일터는 공터
모두 손을 놓지만

겨울 걱정인가
오늘의 운세 탓인가
노임은 시급이어서
고스란히 유전되는
이 시급함

동틀 무렵부터 해질녘까지
일을 찾아 헤매는 벌
작업복을 벗지 못하는 벌

죽어서도 작업복을 입는다

조율

소방 살수차에서 뿌려지는
물줄기는 불을 잡는다
식지 않는 발악에 넋을 빼던 그때
재만 남겨야 하는 화두는
세상의 눈동자를 사냥꾼으로 만든다

굉음으로 심기일전하는
분수의 몸부림은 가히 광적이다
물세례에 웃음 지며 폼 좀 잡았을 그대
무지갯빛 환상 속에서
불타버린 꿈을 채취하기도 한다

결단

그는 깨어나지 않는다 묵묵부답 윤곽만 남긴다
모든 상황은 스스로의 결단

충성을 다한 그의 죽음에
눈물을 흘리는 자 안도의 한숨을 쉬는 자
마침표를 찍는다

더 이상 피를 보기 전에

새벽 산책길을 선택한 건 낙점 탓인가
영원히 잠재워야 할 소임이 남았는지
허공의 고삐를 움켜쥔다

외마디 비명과 함께

미궁 속에서 수습될 주검을
있는 힘껏 최선을 다해 잘라낸다

처음에 동조했으나

제 몸을 끊은 나뭇가지가 동행한다

메아리는 메아리를 낳는다

제 목을 쳐낸 메아리는
말끝마다 야위어진 몰골로 능선을 탄다
숨 헐떡이며 살아있는 심장을 꺼내놓는다
고스란히 주인의 품에 들어
그간의 도전과 허공을 관통한 사연을 반복한다

앞장세운 메아리는 메아리를 낳는다
메아리의 거처와 메아리의 의지를 전하니
목줄을 끊고 달아난 어떤 메아리는
숨어 우는 새처럼 곳곳에 스며들어
주인에 대한 의식과 안부를 털어놓는다

메아리는 대견하게도 웅심을 갖는다
망명지에 선 듯 주위를 둘러보면
실족한 메아리가 수많은 나이테들을 깨운다
갈기 곤추세워 부산함을 엿듣는다
듣다가 산 전체가 메아리로 울린다

눈사람 1

반죽 당한 기억으로 더듬는 윤곽
통째로 뒤집어쓴 백지 사연
안팎으로 고인 그리움
늘 서 있기만 했던, 얼어붙은 소식

버려져 울던 골목을 헤매다
떠나간 사람

전단지를 들고서 다시
찾아온 사람

통역이 필요한
사람

눈사람 2

사람 만드는 일에
돌멩이를 심거나 연탄재를 굴려
살을 붙이면
폐허를 남긴다

죽어서야 뽑을 수 있는
이 비수는
절판된 동화 속 옛이야기

사람은 사람의 뼈를 받아
피를 나누듯이
아무리 춥더라도
어르고 달래야 한다

반죽이란
살을 빚어 살을 내는 일

과정이 철없고

체위가 다소 민망스럽더라도
눈사람의 심지는 눈이어야 한다

눈사람 3

고작해야 3개월이다
설이 다가오자 다시 도는 편두통
얼마 전 허수아비를 만났다
새떼나 쫓던 과거와 달리
봄에도 일이 생긴다는 얘기를 듣는다
몸 상태는 어떻냐는 질문에
병원밥도 괜찮다며 히죽대는데
멧돼지에게 왼팔을 잃은 녀석의
대타로 들어갈 수 있다면
만약 그렇게만 될 수 있다면
어떻게든 한시름 놓게 되는 거다
장승은 일 자체가 가뭄다
기본 경쟁력이 천 단위를 넘는다
취업 규칙도 2인 1조이니
자격에서 미달, 그래도 꿈을 꾼다
어쩌다 얻어먹는 술 한 잔과
떡값까지 챙길 수 있는 노란 자리는
생각만으로 절로 웃음이 난다

덕분에 미소 사원이라는 표창을 받는다
부상도 있었다 당근으로 급조한
분홍색, 내 코가 석 자다

회전목마

중심을 잡는 불꽃이
빠르다
초침처럼

한 바퀴 돌 때마다
뒤뚱거린다
분침처럼

사방 주위를 서성인다
불씨를 올려놓은
시침처럼

목이 마르다
목마는
등골이 빠진다

백허그

옹기종기 설거지
끝낸 그릇들

공기는 공기대로
컵은 컵대로

포개고 포갠다

흠이라야
살갗의 지문

배고프다 투정 없이
배 깔고 눕는다

등에 몸을 얹는다

노안(老眼)

오늘에 만족하냐 물어올 때
아니라고 대답했다
혹시, 불행한가 물을 때
그 또한 아니라고 대답했다
선명한 듯 희미해지는 그림자를 탓할 땐
갈증이 심하다고 얘기했다

답이 어려운가 물어올 때
아니라고 대답했다
그럼, 쉬운가 다시 물을 때
그렇지 않다고 대답했다
썼다 벗었다 하는 안경을 지목할 땐
바로 보셨다고 얘기했다

누군가 든 것 같은
편차의 정중동!

발문

참빛으로 빚은 언어의 속살

이오우 시인

1.

유드레의 새로운 시집이 나온다는 소식은 나에게 큰 기쁨으로 다가왔으며 많은 기대감을 안겨주었다. 발문을 쓰리라 승낙하고는 독자들에게 길잡이 역할을 톡톡히 할 수 있을까. 걱정하던 차에 유드레 시인으로부터 전화가 왔다. 심정을 털어놓자, 쉽게 쓰란다. 어려운 말 다 집어치우고, ······. 고맙고도 힘든 일이 아닐 수 없다. 마음을 가다듬고 시집의 제목부터 살펴보았다. 『아내의 비밀번호』, 호기심이 발동한다. 일단 비밀의 문이 열리는 순간을 기대하는 모험을 떠난 소년처럼 그의 시를 읽어나간다.

유드레 시인과 나는 한 출발점에서 만났다. 시로 만나 시로 이야기하는 시간을 빼면 사는 곳이 달라 만날 시간이 별로 없는 사이다. 그렇게 시간은 흘러 서로의 길에서 가끔 만나고 가끔 노닐고 가끔 사귀며 가끔 시를 이야기했다. 나에게 유드레는 참 고마운 사람이다. 언제나 따뜻하고 친절하고 희망적이다. 활기차고 믿음을 심어준다. 무엇보다 그는 열심히 산다. 내가 보기에는 그렇다. 그러나 그 스스로는 절대로 열심히 살지 않는다고 항변한다. 돈도 많이 벌 필요 없다고 하면서 술값을 항상 먼저 내곤 한다. 참 착한 형이다. 돈 많이 벌면 골치 아파, 적당히 벌어야 좋은 거야……. 그의 논리는 늘 허구에 가까운 친근함과 매력으로 진실을 두드린다. 하지만 시에 대한, 작품에 대한 자신의 입장은 철저하고 투철하다. 나는 가끔 의아할 때가 있다. 왜 그토록 자신의 삶보다 유독 시에 대한, 문학에 대한 입장에서는 맹렬하게 파고드는가? 적어도 그는 천생 시를 떠나 살 수 없는 물고기다. 시의 물고기. 문학의 바다를 헤엄치고 싶은 한 마리 고래다. 깊이 잠수하고 높이 숨을 뿜으며, 가끔 달빛이 푸른 밤이면 길게 울음 우는 범고래같이. 유드레 시인은 그렇게 물에서 자유로운 물고기처럼 시와 문학의 세계에서 자유로운 영혼의 지느러미를 가진 시인이다.

그는 실제로 물고기를 키운다. 만나는 자리에서 자연스럽게 대화의 주제가 물고기로 흐르고 그의 물고기에 대한 사랑과 해박함에 어류 전문가와 이야기하는 착각에 빠지게 한다. 유드레 시인이 나에게 들려준 물고기 이야기는 사실은 돌보는 이야기였다. 우리의 삶이 그렇다. 돌보는 이야기. 아이를 돌보듯, 마을을 돌보고, 이웃을 돌보는 이야기가 필요하다. 그의 마음 돌보기, 그것이 그의 시적 세계의 단초이다. 마음으로 돌보는 것들 속에 피어나는 생활의 저작물을 만나보기로 하자.

2.

국경이 없는 나라였다.
헌법 제1조 1항에는
작은 영토 하나 갖지 않는 독립국이다, 라고
쓰여 있었다.
법전은 없었다.
구전으로 전해지고 있었다.
떠도는 역사가 그렇듯이
잊히는 일에는 이골이 난 나라였다.
한 나라가 망하자 다른 나라가 곧장 일어섰다.
그 힘이 어디에 있는지 알 수 없었다.
하늘의 부름으로 만개하는 정통성이 있었다.

누구나 하나씩은 꽃대를 밀어올리고 있다.

—「우산國」 전문

  시인의 우의적이면서 참신한 발상이 시선을 끈다. 우산은 분명 한순간 꼭 필요한 물건임에 틀림이 없다. 그러나 우리는 그것의 존재적 의미를 망각할 때가 많다. 비 오는 거리로 우산이 걸어 다닌다. 우산국에 들어야 우리는 그 영토 안에서 자유로울 수 있고 독립적일 수 있다. 나라가 흥하고 망하는 것도 한순간이며 "잊히는 일에는 이골이 난 나라", "한 나라가 망하자 다른 나라가 곧장 일어섰다."고 말할 수 있다. 시간을 초자연적인 상상력으로 압축하고 긴밀하게 재해석해놓은 「우산國」이 서두를 장식하고 있다. 우리는 역사 속에서도 우산국을 만날 수 있다. 또한 그것이 신라로부터 현재로 이어지는 영토의 문제, 일본의 독도 망언을 떠올리게 하는 시발점임을 안다. "하늘의 부름으로 만개하는 정통성이 있"는 나라, 분명 그 나라는 우리가 잊어서는 안 되며, 지켜 나가야 할 우리의 나라가 아닐까? 없음으로 있고 있지만 없는 나라, 유드레 시인의 시적 세계가 어쩌면 세상과 삶의 교집합에서 무언의 언어를 찾고 그 속에서 실존적 자아의 명징한 목소리를 말하려 하는 국경 지대가 있음을 직감할 수 있다. 그렇지만 그의 화법은 가볍게 툭 던지는 농담처럼 마음의 문지방을 넘게 하는 담백한 매력이 있다.

스미는 것이다

인기척에 소름 돋는 것이다

누군가, 막다른 골목길

어둠을 배경으로 한 세계를 접수하고 있다

무너지는 세계를 접하고 있다

숨죽인 채 흐트러짐 없는 고요를 충동질한다

자위하듯 애무하듯 그렇게 다시

고개 돌려 물색하는 검은 시신경

포복을 딛고 일어서는 망명자의 보폭만큼

먼발치를 유지한 체형으로 바라보는 것이다

아찔한 갑질의 행간 속에 자생하는

성스러운 비밀의 비밀스러움

용서받을 강간을 세례 받을 죄의식을

봄밤에는 보아야 하는 것이다

목젖이 꿈틀대는 놈만 지지하는 봄밤

풍경과의 삽목은 거침없다

―「봄밤」 전문

  그의 언어적 풍경은 일상의 분주함이나 속세의 비루함에 머물지 않는다. 누구나 봄이면 조물주의 신기한 능력쯤으로 위탁할 만한, 신적 능력을 경험한다. 시인은 그것을 '어떤 인기척'이라 했고 그에 '소름' 돋았으며, 어둠을 배경으로 "성스러운 비밀의 비밀스러움"을 경험한다. 일체의 죄의식도 잊게 만드는 봄밤은 '충동질'과 "목젖이 꿈틀대는 놈"만 지지하는 공간으로 승화한다. 그곳에서 시인은 봄의 풍경과 일체감을 이루며 심리적 카타르시스를 느낀다. 이를 식물적 상상력으로 마무리하는 그의 '삽목'은 새로운 생명력으로 거듭나려는 봄의 의지를 닮았으며 자연을 오롯이 맞이하는 겸허한 몸짓이다.

  그에게 봄은 「다시, 봄」으로 이어진다. 검은 시신경은 "80년대 초 극장"으로 상상력을 끌어간다. 그때는 "19금 영화 한 편과 서부 활극을 번갈아 상영"하는 동시 상영관이 있었다. 그런 '이상교합'적 극장 문화를 하나의 축으로 현실의 봄을 노래하고 있는 것이다. 바로 '이상고온'의 봄이다. 인간에 의해 자연은 하루가 다르게 병들고 있다. 신음하는 자연의 소리를 외면해서는 안 된다. 특히나 문학의 나라에서는 더욱 이를 아프게 받아들여야만 할 것이다. 이런 촉각이 유드레 시에는 많이 묻어난다. "목련, 개나리, 벚꽃, 진달래, 노란 민들레가/순서 없이 피고 지는//꺼림칙한 봄"을 만나는 날에 말이다. 그가 "다시 찾는 동시 상영관"이 우리의 봄인 것이다.

    시간이 없다고 서둘렀다
    그 모습 속에 놓고 나온 지갑이 있다
    잊고 있던 지갑 속에 카드가 있다
    급한 탓에 함부로 구겨 신은 신발이 있다
    15층에서 1층까지
    늑장 부린다고 욕먹는 엘리베이터가 있다
    열쇠를 놓고 나온 것을 알았을 땐
    입 꽉 닫아버린 은색 승용차가 있다
    정신없는 나를 비웃는 폭염이 있다
    비밀번호에 화답하는 현관을 지나니
    열쇠와 지갑이 식탁 위에 있다
    15층에서 1층까지
    제 길을 고수하는 엘리베이터가 있다
    한참을 늦은 상황에도 불구하고
    차량 문을 여닫기를 반복하고 있다
    대책이 없어서 아니, 너무 뜨거워서
    구겨진 신발의 소음을 잡고 있다
    그제야 바쁜 것도 잊은 채 짚고 넘어갈
    약속을 더듬는 내가 있다

신종 보이스피싱의 피해를 당부하는
　　뉴스가 주파수를 타고 있다
　　　　　　　　　　　　　　—「급했다」 전문

　급할수록 돌아가라는 말이 있다. 서둘러야 하는 상황은 우리 삶 속에서 이미 일상이 되어버렸고 그러다 보면 아차 싶을 때가 있다. 내가 왜 이렇게 정신없이 사는 걸까. '대책 없이', 뜨거운 여름이면 더욱 현기증 나는 일이 많이 생긴다. 불쾌감과 신경질적인 반응으로 우리의 몸과 마음이 더욱 뜨거워지곤 한다. 그때 어디선가 들려오는 소리가 있다. "구겨진 신발의 소음"이 있고 "신종 보이스피싱의 피해를 당부"하는 뉴스 전파가 있다. 생활의 장애물을 만났을 때 허들을 넘듯 사뿐히 넘어가기 위해서는 마음을 잘 다스려야 한다. 조금은 여유를 찾는 일, 그래야 걸려 넘어지는 일을 줄일 수 있다. 가끔은 돌아가는 미덕도 생각하며 말이다. 더욱 챙겨야 할 것은 마음을 빼앗고 정신을 훔치는 사람들이 지뢰밭처럼 숨어 있다는 것이다. 삶의 발걸음과 마음의 오솔길을 정돈할 필요가 있다. 급하다 보면 給(급)(넉넉하다)하지 못하고 及(급)(미치다)하지 못하는 경우가 많다. 옆구리를 꾹 찌르듯 생의 짧은 교훈을 건네준다.

　그의 일상의 화두는 다음 작품 「걸음을 새기다」로 이어진다. "소금쟁이의 걸음"에서 진중한 생의 중심을 이야기하며

'참된 걸음'의 묘미를 발견한다. 물의 장력으로 물 위에서 자유로운 걸음을 획득하기 위해서 소금쟁이는 궁극의 다이어트를 감행했을 것이다. 그리하여 "영혼의 무게는/꽃으로 피고 지고/구름인 양 가벼워지는 보폭"으로 거듭났다. "물을 떠날 수 없기에 몸을 띄웠다"는 것은 우리가 살고 있는 지상의 삶으로부터 우리를 끌어내릴 수 없는 현실과 직면하게 만든다. 저마다의 삶의 자장을 지키며 "제 문수에 맞춰진" 시간을 건디는 동안 피안은 멀기만 하다. 그때 우리는 눈을 돌려 주위를 살펴야 한다. 보이지 않던 것들과 시선을 맞춰야 한다. 그러면 우리는 자연이라는 스승을 만날 수 있다.

> 담기 싫어도 담았지
> 안 담을 수 있나 그냥 처넣는데
> 저항은 무슨,
> 찢어지기 직전까지 채워 넣는데
> 골방에 처박힌 은폐와 융합
> 폭발 직전
> 세상에 까발려지는데
> 내 몸 안에는
> 남모르게 커지는 숱한 의혹들
> 반복되는 의식(儀式)에는
> 잠자리 날개 같은 슬픔조차 걸리지 않았지

내가 할 수 있었던 건

두 눈 꼭 감고 목구멍 크게 벌리는 것

나만 몰랐을까

배 터지게 묵직한 간 덩어리

어때 목 넘김이 좋지

네 간도 부었니

숨긴 게 뭐니? 나는 거위야

—「푸아그라」 전문

'푸아그라'는 프랑스 사람들이 즐겨먹는 고급 요리의 대명사다. 각종 정상회담의 만찬 요리로 등장하는 세계 3대 식재료 중의 하나라고 한다. 그러나 그 맛의 이면에는 동물학대라는 논란이 있다. '살찐 살' 또는 '기름진 간'이라는 의미의 '푸아그라'는 일반적인 오리나 거위의 간이 아니라 일정기간 동안 강제로 사료를 먹여 간의 크기를 크게 만들어낸 것으로 알려져 있다. 인간의 야만적 탐욕의 끝은 어디일까. 숱한 생명을 억울한 죽음으로 내몰고 지상의 생명들이 멸종 위기 앞에 놓인 지금, 북극의 빙하가 녹아내리고 기상이변이 속출하는 상황에서도 환경 문제는 늘 낭만적 기울기를 가지며 강 건너 불구경이 된다. 시인은 그런 와중에 "내 몸 안에는/남모르게 커지는 숱한 의혹들"과 대면하며 "골방에 처박힌 은폐와 융합/폭발 진전/세상에 까발려지는" 진실의 날실들에 대한 냉철한 자기검열을 감행한다. 우리는 스스로 간을 키워 왔던 것은 아닌가. 간을 키워 누군가의 식탁에 바치며 사는 것은 아닐까. '간'은 그리스 신화에 나오는 프로메테우스로부터 '구토지설'에 이르기까지 섬뜩한 생의 시원을 말해준다. 스스로 부끄러워하며 자신을 희생양으로 삼고자 했던 윤동주의 '간'도 처절한 자기 확인이 아니던가. 인간의 야만적 폭력성을 정치하고 이를 해부하고자 하는 언어의 칼끝이 매섭게 시인 자신과 우리를 향하고 있다.

이와 같은 검열은 「거울 속을 저울질하다 1」과 「거울 속을 저울질하다 2」로 이어진다. 정작 '거울'은 '갑옷'이다. 거울의 원형적 속성인 내적 성찰과 소통의 통로임을 감안할 때 유드레 시인의 거울은 신선하고 생경하다. 생의 이쪽과 저쪽을 오가며 시인은 "명치끝이 아려 눈물 짓"고 "환한 여백만큼 등이 엿보이는 거울의 저편"에 수형된다. 반성만 있는 것이 아니다. 채집에 몰두하는 사람도 있는 법, 보이는 것에는 견물생심(見物生心)이 동하는 것이다. 거울의 눈은 세상을 포집하고 채집하며 스스로 발광한다. 이때 시인은 "더욱 치명적인 것은 발신자 모를 안부를 접한" 순간을 절정에 배치하여 우리에게 스스로 자신의 안부를 묻게 한다.

그 안부는 「거울 속을 저울질하다 2」에서 태초의 메아리로 이어진다. "나의 첫울음을 난 한 소절도 기억하지 못한다"는 것은 고독한 실존적 자아의 '벌거벗은' 삶의 내역서이다. 그러면서 세상과의 대척점을 "살을 발랐기에 언제나 낯선 맨몸의 필사/짜여진 암구호는 애당초 없었다"는 절규의 몸부림에서 찾고 있다. '거울 속의 저울질'은 실은 '삶의 저울질'이다. 나의 생을 저울에 달아보는 시인의 자세는 "제 안에 들고 싶어 쓸어대는 비질 같은 거"라 말하고 있다. "주파수를 찾기 위"한 힘겨운 숨 고름은 "탯줄을 끊어야만 낙찰 받는 세상"에서 삶의 실존적 가치를 구현하기 위해 치러야 할 통과제의는 아닐까.

한편 「구제역」은 근대적 야만성과 삶의 일회성을 유머러스하게 꼬집고 있다. 언어유희를 통해 무겁지만 가볍게 문제의식에 접근하고 있으며 동음이의어를 통해 마치 현악 이중주를 연주하듯 깊은 울림을 주는 행간의 의미가 있다. '구제역'은 소나 돼지 따위의 동물이 잘 걸리는 바이러스성 전염병이다. 한바탕 구제역으로 온 나라가 몸살을 앓곤 한다. 살처분되는 짐승들의 울부짖음까지 묻혀버리는 세상이다. '구제'할 방법은 없을까, 안타까움도 잠시 뉴스는 새로운 먹잇감을 물어대기 바쁘다. 철 지난 '구제'라는 이름의 옷, 그 옷조차 한번은 '구제'되는데 어찌 스스로 살과 뼈를 바치는 가축 한 마리도 구제하지 못하는가. 그 비밀을 두드리는 시인의 마음이 아프게 다가온다. 그러면서 우리의 행선지[驛]는 어디일까를 묻는 그의 뼈 있는 한마디는 삶의 원천을 발굴하자는 외침에 가깝다.

이처럼 그의 튼튼한 익살로 엮은 재담은 「똥개」라는 시에서도 발휘된다. "믹스견이네요. 되묻는 말투에/똥개니까 진찰비 깎아달라는 흥정이 황당한 거라"로 시작하는 말투가 농담처럼 들리지만 "숨기지 못한 꼬투리 때문에 어릿광대 취급 받지만/새로운 알몸씨 빚어내는 당당한 세상"이라는 배포와 "유배지에 버려진 개혁가의 적발된 꿈이/그저 막막해 으르렁으르렁, 이빨까지 내보인 거라"라는 표현은 짐짓 다의적 내포를 넘어 확장된 삶의 방식과 의식의 선진화를 꾀하고 있다.

3.

불구경이 최고야
수많은 구경꾼 사이에서 신발짝 벗겨지는 당혹감
나 또한 절박해져 내 숨통 조이고 있지

불꽃이 또 다른 거처에서 천렵의 그물을 펼칠 때
웃통 벗어 옹호했으니
반짝이는 눈동자 등대만을 찾아 나선 시절

백악기 이전에 참상을 전망한다는 건 꽤 신기했지만
공룡을 몰살시킨 끈질긴 목숨은

덧니 같은 신호를 매번 잘못 읽는다는 사실
방조했기에,

참다못해 투신하는 장면에선
소름 돋아 신음했지
관음증에 시달린 내 지분 박살 내고 싶었지

도와주지 못해서 미안해
119에 전화했으니 조금만 참아
나는 귀머거리 눈뜬장님
멀어서 그런 거야 너무 늦은 비명이야

조등 하나 걸어둘게
죽을 때까지

―「별이 빛나는 밤에」 전문

  시인의 상상력은 별이 빛나는 밤에 빛을 발한다. 불구경이 아니다. "공룡을 몰살시킨 끈질긴 목숨"이다. "덧니 같은 신호를 매번 잘못 읽는다는 사실/방조했기에," 처참한 불길, 신음 소리, 투신의 절망적 참상 앞에서 화자는 "도와주지 못해서 미안해"하며 비극의 체험을 털어놓는다. "나는 귀머거리 눈뜬장님/멀어서 그런 거야 너무 늦은 비명이야"라며 자신을 혐오하며 위로하려 하지만 느끼는 고통은 깊고 멀다. 별이 빛나듯 관계의 망을 중시하는 시인의 눈빛이 처연하다. 바라볼 수밖에 없다는 것 지켜볼 수밖에 없었다는 고백이 얼마나 준엄한 현실 자각인지를 "수많은 구경꾼 사이에서 신발짝 벗겨지는 당혹감"으로 "나 또한 절박해져 내 숨통 조이고 있"다는 표현을 통해 절절히 전달하려 한다.

 인간의 삶은 관계 속에서 피어나고 의미가 확장된다. 유드레 시인이 보여주는 시적 세계에서 우리는 이런 관계적 삶으로의 지향을 발견할 수 있다는 점은 매우 유의미한 표착이 될 것이다. 함께 느끼는 공감의 틀, 체험의 공유를 통해 삶의 힘겨움을 나눌 수 있다면 그리고 비극적 고통을 늘 "조등 하나 걸어"두는 다짐과 "죽을 때까지" 잊지 않겠다는 의지의 표상은 천연한 삶으로의 전진이 될 것이다.

 이와 같은 시적 공식은 그는 또 다른 작품 「휴(休)」에서 알 수 있듯이 "언젠가 수습될 소소한 일상일지니/넉넉한 나무 밑동을 찾아 휘어진 등을 맡기고/어딘가를 끝 간 데 없이 바라볼 눈먼 여행"자처럼 '하찮은 인간'이기를 소원한다. 삶을 불편해하거나 외롭기는커녕 야근도 묵묵히 지켜낼 것이라며 자신의 삶을 채색하지 않고 흑백의 단순 명암으로 놔둔다. 그러면서 바람에게 의미 해석을 위임하는 역설을 보여준다. 신록에 지친 여름에는 푸른 꿈이 젖어들까 조심스러워하며 자신의 인위적 의식과 감성적 발견을 염려하는 모습을 보인다. 그렇게 시인은 세월의 결이 이끄는 대로 자연인의 모습으로 변방을 떠돌던 사람이 되고 나무와 한 몸이 되는 등식을 제시한다.

   세상은 그렇게 호락호락하지 않다는 것을 하나의 수수께끼처럼 남겨둔 채 말이다. 이는 「전족」이란 작품을 통해 읽을 수 있다. "발을 묶는다//어지러운 세상/뿌리라도 내릴 생각에/복종을 날인하"며 세상에 발붙여야 하는 것이다. "그렇게/교정된 세월인가" 우리는 어느덧 "뒤뚱거린다/커지지 않는 신발"에 묶여 한참을 걸어왔지만 늘 종종걸음이다.

> 아내의 중학교 출석부 숫자의 조합이
> 내 비밀번호다.
> 9964는 인천 살 때 전화번호 뒷자리고
> 7238은 사무실 차려 독립할 때
> 번호, 휴대폰의 뿌리다.
> 통장을 갱신하거나 인터넷 뱅킹에 문제가 생겨
> 은행에 갈 때 은근히 겁난다.
> (중략)
> 자, 내 비밀을 이렇게 털어놓는다.
> 그러면 한번 풀어보시라.
> 아내는 중학교 때 몇 학년 몇 반
> 몇 번이었을까?

―「비밀번호」 부분

 수수께끼가 나왔다. 비밀번호는 몇 번일까. 그러나 쉽게 답을 찾을 수 없다. 건망증이 생길 만한 나이가 되면 각종 비밀번호는 위험에 노출된다. 목욕탕에 시계를 풀어놓고 택시에 휴대폰을 두고 내리고 화장실에 가방을 두고 나올 때처럼 황당한 실수를 범하기 쉽다. 현관문 비밀번호가 생각나지 않을 때도 있다. 시인 중에 숫자에 강한 사람이 몇이나 될까. 사람은 기억하고 싶은 것만 기억한다고 한다. 그것은 숫자보다 더 기억하고 싶은 생의 숨결이 있기 때문일 것이다. 그러나 유드레 시인의 비밀번호는 사랑의 향기가 피어난다. 지그시 눈을 감고 비밀의 정원에서 피어나는 향기를 찾아 누르기만 하면 된다. 어느 누구도 모르는 자신만의 비밀번호가 있다는 것은 자신을 유일한 사람으로 만들어준다. 시인은 「비밀번호」라는 시를 통해 세상에서 유일한 사랑이 있다고 선언하고 있는 셈이다. 사랑의 울타리가 견고하고 아름답고 선하다. 투박한 생활 속 사랑의 속삭임이 느껴지고 시어들이 민들레 홀씨처럼 날아오르는 것 같다.

 기포 발생기를 통해 산소를 호흡하는 녀석들은
 중남미나 인도네시아 먼 바닷속을 헤엄치던 고기들의
후손들

다양한 습성들이 섭씨 24도의 온도를 공통분모 삼아
한 무리는 수초에서 또 다른 무리는 유목을 중심으로
터전을 이뤄 살고 있는데

어느 날은 부화 통에 옮기지 못한 깨알보다 더 작은 치어들
순식간에 다른 고기들의 먹이가 되는데도
이상하지, 지켜보고 있으면 시간 가는 줄 모르는 편안함

신이여? 당신도 이렇습니까
사람들 속을 바라보면 흐뭇하기만 합니까
날 믿고 기도하는 녀석 한 마리 보이지 않는 어항 속
당신을 흉내 내는 나는 신입니까
넉넉하게 무뎌진 당신, 정신 사나운 고민조차 가벼워져
미소로만 화답하게 됩니까

먹이를 주고 여과기를 청소하는 당신?
어디 있나요. 물거품 속에 나는?

─「어항, 신에게」 전문

유드레 시인에게 물고기는 어떤 존재일까. 늘 궁금했다. 그가 물고기를 키우며 어떤 즐거움을 얻으리라는 것을 직감했

지만 시로 접하니 더욱 생동감 있게 물고기와의 교감을 읽을 수 있어 흔쾌하다. 흔히 사람들은 어항의 물고기를 보면서 황홀한 표정을 지으며 좋아한다. 인간이 어쩌면 물고기였다는 사실을 감추고 산다는 분명한 증거가 거기에 있다. 태초에 물에서 올라온 인간이 네 발로 기어 다니다 두 발로 서서 걷게 되었다는 설이 있다. 아가미는 퇴화되었지만 엄마 뱃속에 있을 때부터 우리는 물속에서 자란다. 양수 속을 유영하면서 최초의 꿈을 꾸었을 것이다. 물은 공포이면서 생명이다. 유전자 속에 감춰진 비밀에 접속하는 순간, 무의식적으로 느껴지는 평온함. 마음의 고향처럼 말이다. 말로 해석할 수 없는 육체의 언어, 알 수 없는 이끌림이 긴 촉수로 다가온다. 신과의 조응을 꿈꾸며 시인은 스스로 우주적 상상력과 특유의 심미안으로 시상을 전개하면서 조력자로서의 삶의 의미를 통찰하고 있다.

이처럼 유드레 시인에게 있어 두드러지는 소통의 미학과 밀착된 교감은 담담한 관조로 전달되며 투명한 언어로 직조된다. 그의 작품 「생계형」 또한 생활과 밀착된 교감을 보여준다. "성씨를 찾아 부르기엔 족보가 민망하"고 "나잇값도 오래전 곤두박질쳤"고 "수족을 잘라냈기에 한 목숨 부지할 수 있었"던 그런 형, 생계형 인간의 삶은 늘 곤두박질치기 일쑤다. 함께 취하고 힘써 쓰러진다. 불안을 안주 삼아 싸구려 선술집에서 의지마저 탈탈 털린다. 생계보조금은 또 그렇게 별

빛처럼 멀고 구석진 곳에 공기는 더욱 쓸쓸하다. 소외하고 싶은 풍경을 끌어안는 시인의 따스한 시선과 현실을 비추는 투명한 시심이 견고하다.

  어려운 살림에 육신은 더욱 고되게 마련이다. 험하게 굴린 몸이 여기저기 고장이 나기 시작하면 부품을 갈아 끼우듯 병원을 찾아 부품을 주문해야 하는 쓸쓸한 현실을 「부품 명세서」는 아무렇지도 않게 불러 세웠다. 불편한 진실 앞에서 부끄러워지는 것처럼 인간은 "단종되지 않을" 때 가장 비극적이다. 영원히 죽지 않는 사람이 가장 슬픈 사람이 아닐까. 아프고 병들고 지치고 쓰러지고 울고 나자빠지고 때론 고통에 신음하면서 서로를 부둥켜안을 때 인간은 가장 인간다운 아름다움을 발견할 수 있다고 생각한다. 시인은 전경(前景)을 노래하지만 반어적으로 생의 저편을 지향하고 있는 것이다.

4.

    옹기종기 설거지
    끝낸 그릇들

    공기는 공기대로
    컵은 컵대로

포개고 포갠다

흠이라야
살갗의 지문

배고프다 투정 없이
배 깔고 눕는다

등에 몸을 얹는다

—「백허그」 전문

한식구가 밥을 먹었다. 저녁 밥상을 물리고 깨끗하게 설거지를 끝낸 시간. 한 집안의 평화가 소복하게 내려앉듯 그릇들도 서로의 등을 껴안는 풍경. 사람의 등에는 그 사람의 표정이 고스란히 담긴다고 한다. 한평생이 등에 그려진다. 힘겨운 삶의 노동을 보듬는 백허그 같은 시, 이제 유드레 시인의 시에 중독될 차례다. 서로 "살갗의 지문"을 읽어갈 차례다.

이 도서의 국립중앙도서관 출판시도서목록(CIP)은 서지정보유통지원시스템 홈페이지(http://seoji.nl.go.kr)와 국가자료공동목록시스템(http://www.nl.go.kr/kolisnet)에서 이용하실 수 있습니다.(CIP제어번호: CIP2018029445)

문학의전당 시인선 0292

아내의 비밀번호

ⓒ 유드레

초판 1쇄 인쇄 2018년 9월 13일
초판 1쇄 발행 2018년 9월 20일
   지은이 유드레
   펴낸이 고영
 책임편집 서윤후
   디자인 헤이존
   펴낸곳 문학의전당
 출판등록 제2017-000002호
     주소 서울시 마포구 마포대로 11길 91, 3층
     전화 02-852-1977 팩스 02-852-1978
 전자우편 sbpoem@naver.com

   ISBN 979-11-5896-388-0 03810

* 이 책의 판권은 지은이와 문학의전당에 있습니다.
* 양측의 서면 동의 없는 무단 전재 및 복제를 금합니다.
* 잘못 만들어진 책은 바꿔드립니다.